Impressum
Verlag: BABADADA GmbH, Nedderfeld 112 , 22529 Hamburg
Geschäftsführer / Verlagsleitung: Harald Hof
Druck: Books on Demand GmbH, In de Tarpen 42, 22848 Norderstedt

Imprint
Publisher: BABADADA GmbH, Nedderfeld 112 , 22529 Hamburg, Germany
Managing Director / Publishing direction: Harald Hof
Print: Books on Demand GmbH, In de Tarpen 42, 22848 Norderstedt

AF234857

1

colegio
school

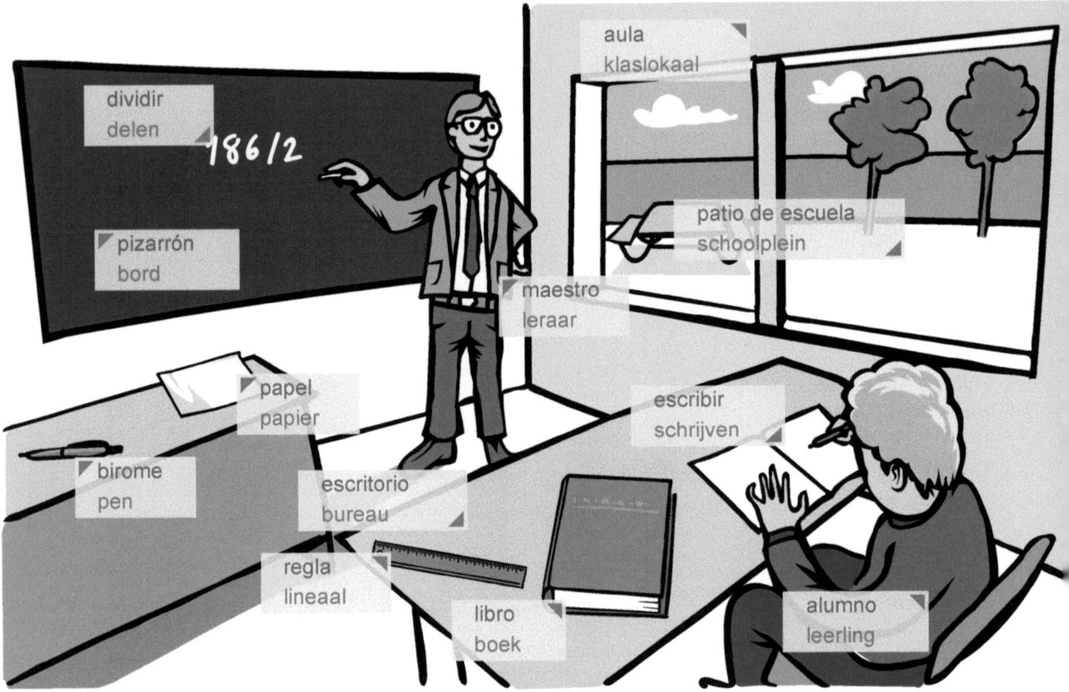
aula
klaslokaal
dividir
delen
186/2
pizarrón
bord
patio de escuela
schoolplein
maestro
leraar
papel
papier
escribir
schrijven
birome
pen
escritorio
bureau
regla
lineaal
libro
boek
alumno
leerling

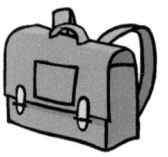

mochila
schooltas

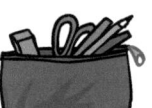

caja de lápices
etui

lápiz
potlood

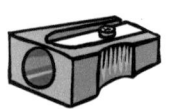

sacapuntas
puntenslijper

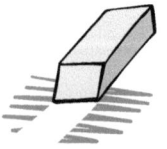

goma (de borrar)
gum

bloc de dibujo
schetsblok

dibujo
tekening

pincel
penseel

caja de pinturas
verfdoos

tijera
schaar

pegamento
lijm

cuaderno de ejercicios
schrift

tarea
huiswerk

número
getal

sumar
optellen

restar
aftrekken

multiplicar
vermenigvuldigen

calcular
rekenen

letra
letter

abecedario
alfabet

palabra
woord

texto

tekst

leer

lezen

tiza

krijt

lección

les

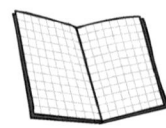

cuaderno de clase

klassenboek

examen

examen

certificado

diploma

uniforme escolar

schooluniform

educación

opleiding

enciclopedia

encyclopedie

universidad

universiteit

microscopio

microscoop

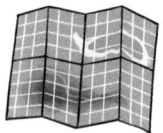

mapa

kaart

tacho (de basura)

prullenmand

hotel
hotel

Grand

hostel
hostel

ROOMS

casa de cambio
wisselkantoor

EXCHANGE

valija
koffer

auto
auto

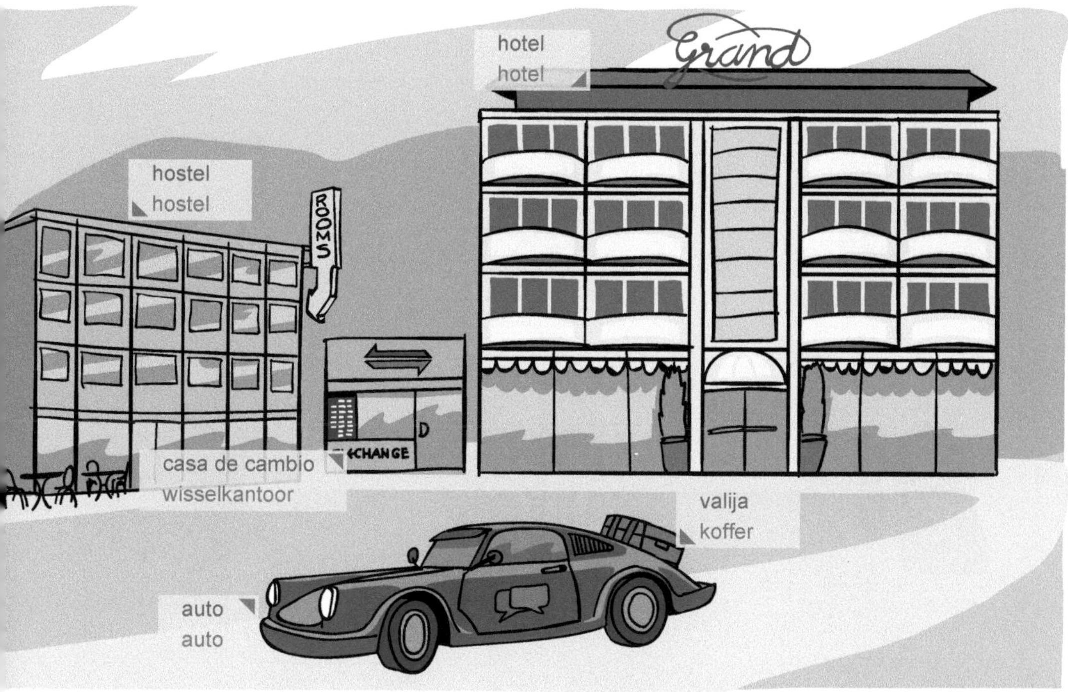

idioma

taal

sí / no

ja / nee

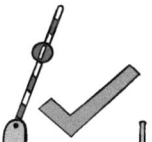

Está bien

oké

hola

Hallo!

traductor

tolk

Gracias

Bedankt.

¿cuánto cuesta…?

Wat kost …?

No entiendo

Ik begrijp het niet.

problema

probleem

¡Buenas tardes!

Goedenavond!

¡Buenos días!

Goedemorgen!

¡Buenas noches!

Goedenacht!

adiós

Tot ziens!

dirección

richting

equipaje

bagage

bolso

tas

mochila

rugzak

invitado

gast

habitación

kamer

bolsa de dormir

slaapzak

carpa

tent

información turística

VVV-kantoor

playa

strand

tarjeta de crédito

creditkaart

desayuno

ontbijt

almuerzo

lunch

cena

diner

pasaje

kaartje

ascensor

lift

sello

postzegel

frontera

grens

aduana

douane

embajada

ambassade

visa

visum

pasaporte

paspoort

transporte
transport

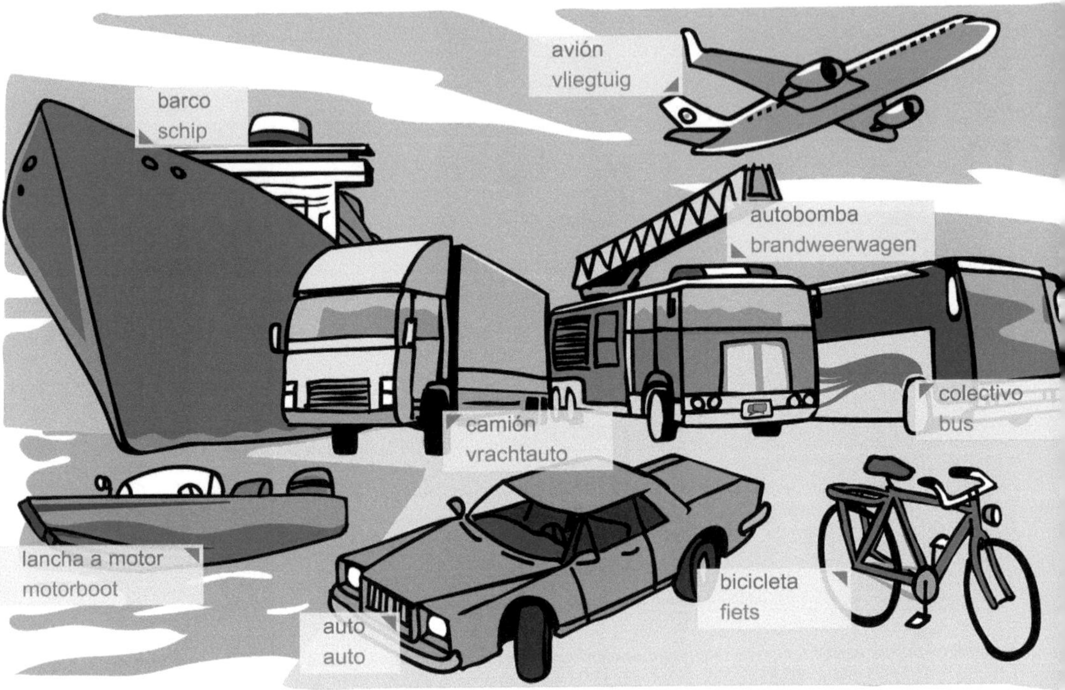

avión
vliegtuig
barco
schip
autobomba
brandweerwagen
colectivo
bus
camión
vrachtauto
lancha a motor
motorboot
bicicleta
fiets
auto
auto

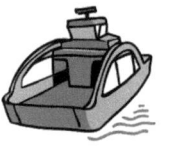

ferry
veerboot

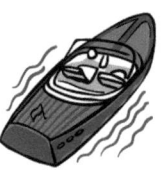

bote
boot

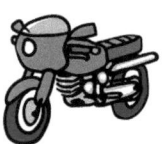

moto
motorfiets

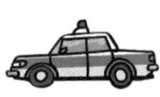

patrullero
politiewagen

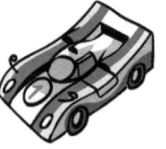

auto de carreras
raceauto

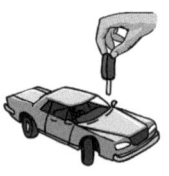

auto de alquiler
huurauto

alquiler de autos
....
carsharing

grúa
....
takelwagen

camión de basura
....
vuilniswagen

motor
....
motor

nafta
....
benzine

estación de servicio
....
benzinepomp

señal de tránsito
....
verkeersbord

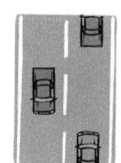

tránsito
....
verkeer

embotellamiento
....
file

estacionamiento
....
parkeerplaats

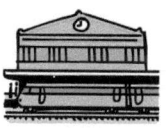

estación de tren
....
station

vías
....
rails

tren
....
trein

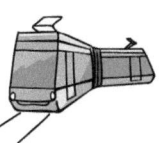

tranvía
....
tram

vagón
....
wagon

helicóptero
helikopter

aeropuerto
luchthaven

torre
toren

pasajero
passagier

contenedor
container

caja de cartón
verhuisdoos

carretilla
kar

canasta
mand

despegar / aterrizar
opstijgen / landen

ciudad
stad

pueblo
dorp

centro de ciudad
stadscentrum

casa
huis

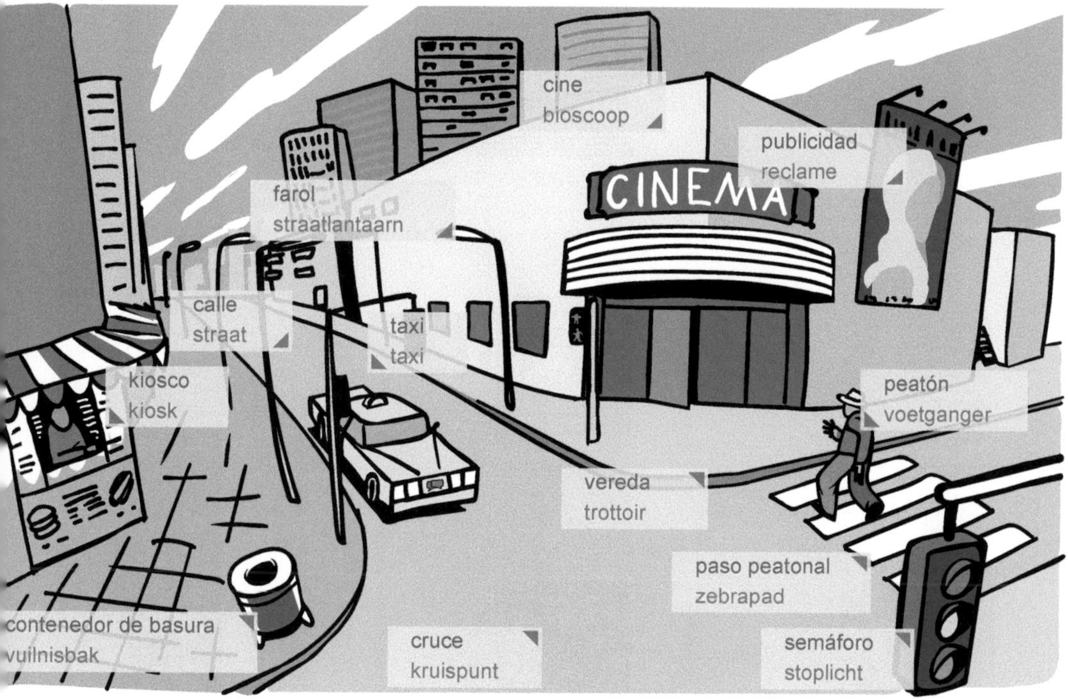

cine
bioscoop

publicidad
reclame

farol
straatlantaarn

calle
straat

taxi
taxi

CINEMA

peatón
voetganger

kiosco
kiosk

vereda
trottoir

paso peatonal
zebrapad

contenedor de basura
vuilnisbak

cruce
kruispunt

semáforo
stoplicht

cabaña
....
hut

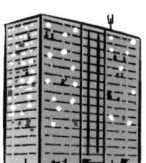

departamento
....
appartement

estación de tren
....
station

municipalidad
....
stadhuis

museo
....
museum

colegio
....
school

universidad

universiteit

banco

bank

hospital

ziekenhuis

hotel

hotel

farmacia

apotheek

oficina

kantoor

librería

boekenwinkel

negocio

winkel

florería

bloemenwinkel

supermercado

supermarkt

mercado

markt

grandes tiendas

warenhuis

pescadería

visboer

centro comercial

winkelcentrum

puerto

haven

parque

park

banco

bank

puente

brug

escaleras

trap

subte

metro

túnel

tunnel

parada del colectivo

bushalte

bar

bar

restaurante

restaurant

buzón

brievenbus

letrero

straatnaambord

parquímetro

parkeermeter

zoológico

dierentuin

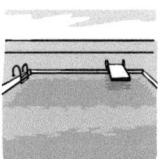

pileta

zwembad

mezquita

moskee

granja
boerderij

contaminación
vervuiling

cementerio
begraafplaats

iglesia
kerk

juegos infantiles
speelplaats

templo
tempel

paisaje

landschap

hoja
blad

poste indicador
wegwijzer

camino
weg

pradera
weide

piedra
steen

excursionista
wandelaar

árbol
boom

río
rivier

hierba
gras

flor
bloem

valle
vallei

montaña
berg

lago
meer

bosque
bos

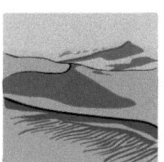

desierto
woestijn

volcán
vulkaan

castillo
kasteel

arco iris
regenboog

champiñón
paddenstoel

palmera
palmboom

mosquito
mug

mosca
vlieg

hormiga
mier

abeja
bij

araña
spin

escarabajo

kever

rana

kikker

ardilla

eekhoorn

erizo

egel

liebre

haas

lechuza

uil

pájaro

vogel

cisne

zwaan

jabalí

wild zwijn

ciervo

hert

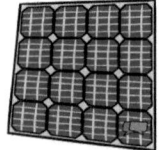

alce

eland

presa

stuwdam

aerogenerador

windmolen

panel solar

zonnepaneel

clima

klimaat

restaurante

restaurant

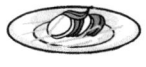

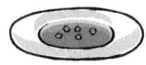

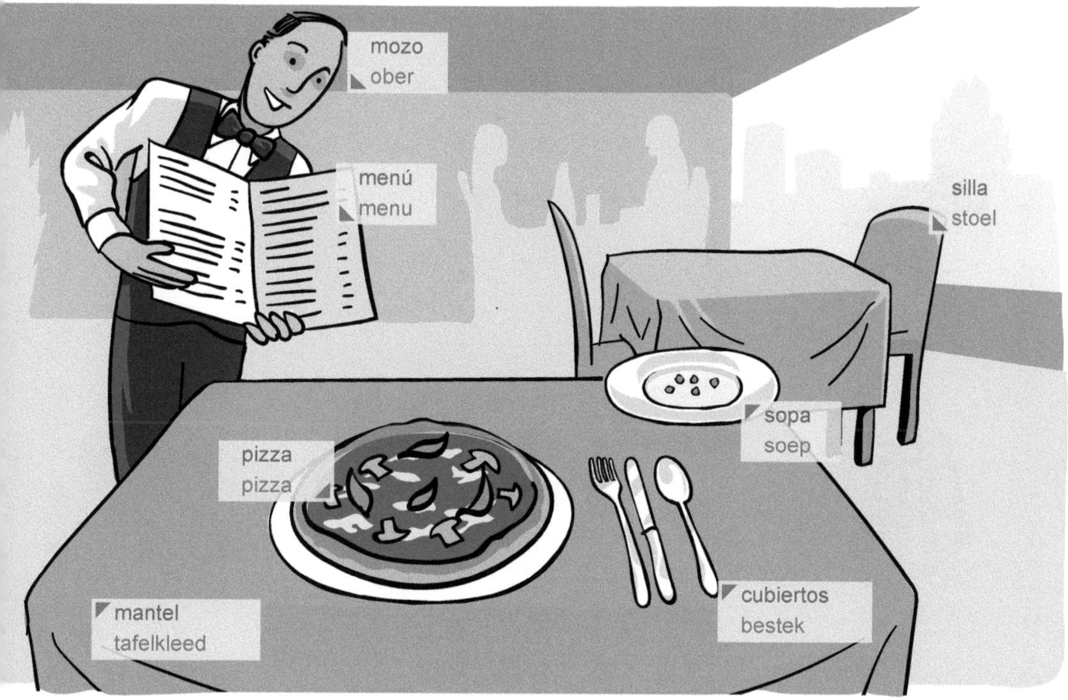

mozo
ober
menú
menu
silla
stoel
sopa
soep
pizza
pizza
mantel
tafelkleed
cubiertos
bestek

entrada
voorgerecht

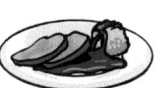

plato principal
hoofdgerecht

postre
toetje

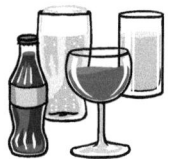

bebidas
dranken

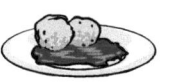

comida
eten

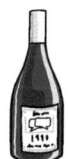

botella
fles

comida rápida
fastfood

comida callejera
eetkraampje

tetera
theepot

azucarera
suikerpot

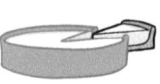

porción
portie

cafetera expreso
espressomachine

sillita alta
kinderstoel

cuenta
rekening

bandeja
dienblad

cuchillo
mes

tenedor
vork

cuchara
lepel

cucharita
theelepel

servilleta
servet

vaso
glas

plato

bord

plato hondo

soepbord

plato

schotel

salsa

saus

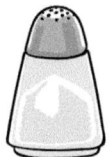

salero

zoutvaatje

molinillo de pimienta

pepermolen

vinagre

azijn

aceite

olie

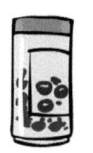

especias

kruiden

kétchup

ketchup

mostaza

mosterd

mayonesa

mayonaise

supermercado

supermarkt

oferta especial
aanbieding
FOR
cliente
klant
lácteos
zuivelproducten
fruta
fruit
changuito
winkelwagen

BUTCHERS

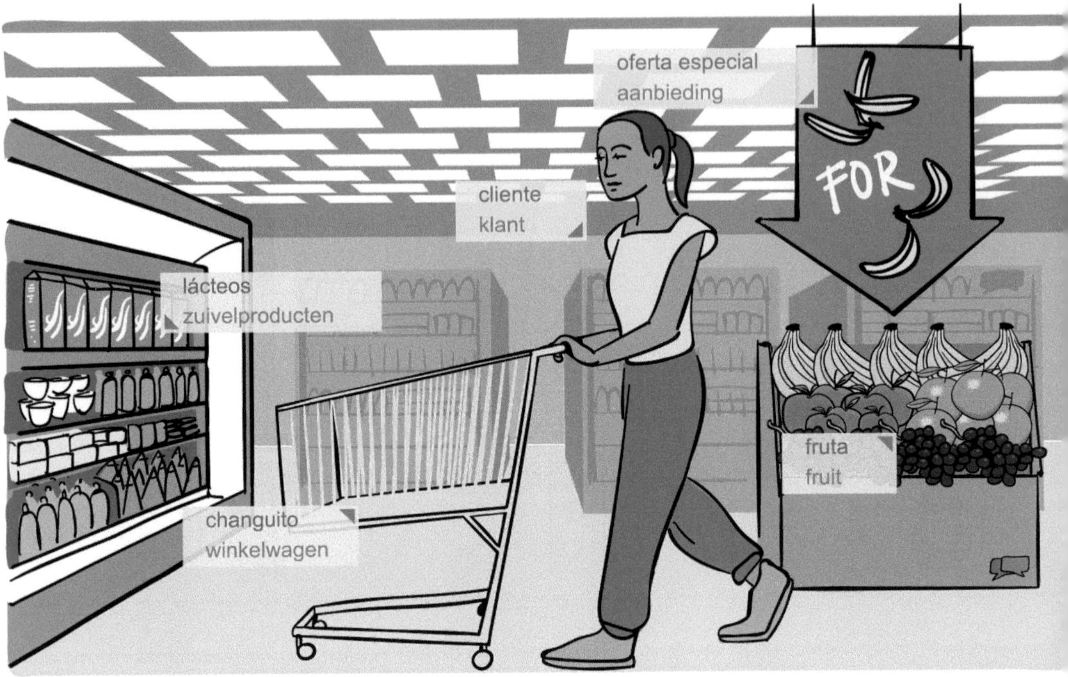

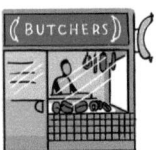

carnicería

slager

BAKERY

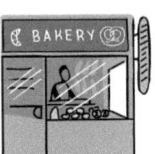

panadería

bakkerij

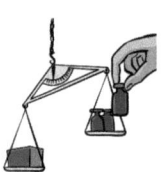

pesar

wegen

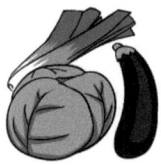

verduras

groente

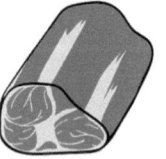

carne

vlees

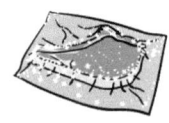

alimentos congelados

diepvriesproducten

fiambres

vleeswaren

alimentos enlatados

conserven

detergente en polvo

wasmiddel

golosinas

snoepgoed

electrodomésticos

huishoudelijke artikelen

productos de limpieza

schoonmaakmiddel

vendedora

verkoopster

caja

kassa

cajero

kassier

lista de compras

boodschappenlijstje

horario de atención

openingstijden

billetera

portefeuille

tarjeta de crédito

creditkaart

cartera

tas

bolsa de plástico

plastic zak

agua

water

jugo

sap

leche

melk

bebida cola

cola

vino

wijn

cerveza

bier

alcohol

alcohol

cacao

chocolademelk

té

thee

café

koffie

café expreso

espresso

cappuccino

cappuccino

banana

banaan

manzana

appel

naranja

sinaasappel

melón

watermeloen

limón

citroen

zanahoria

wortel

ajo

knoflook

bambú

bamboe

cebolla

ui

champiñón

paddenstoel

nueces

noten

fideos

pasta

tallarines

spaghetti

arroz

rijst

ensalada

salade

papas fritas

friet

papas fritas

gebakken aardappelen

pizza

pizza

hamburguesa

hamburger

sándwich

sandwich

churrasco

schnitzel

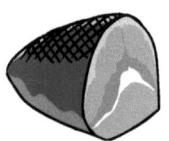

jamón

ham

salame

salami

salchicha

worst

pollo

kip

asado

gebraad

pescado

vis

copos de avena

havermout

muesli

muesli

copos de maíz

cornflakes

harina

meel

medialuna

croissant

pancito

broodjes

pan

brood

tostada

toast

galletitas

koekjes

manteca

boter

cuajada

kwark

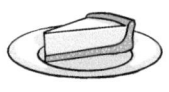

torta

taart

huevo

ei

huevo frito

gebakken ei

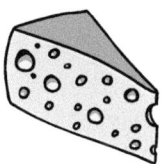

queso

kaas

helado

ijs

azúcar

suiker

miel

honing

mermelada

jam

pasta de chocolate

chocoladepasta

curry

kerrie

granja
boerderij

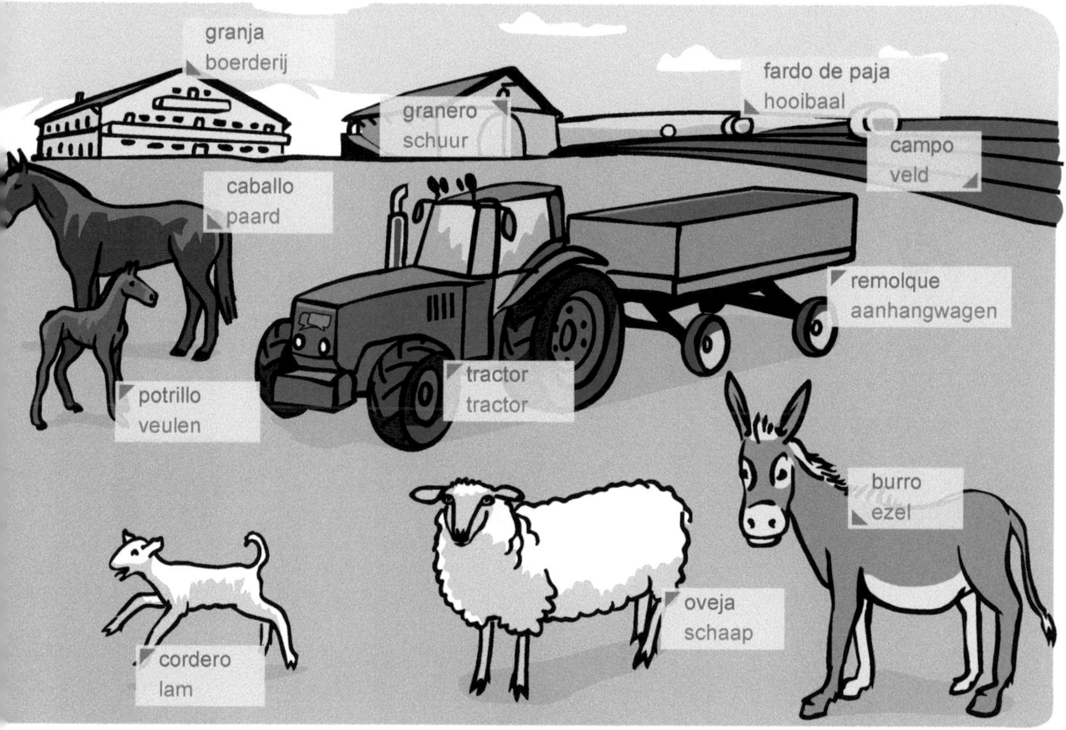

granja
boerderij
granero
schuur
fardo de paja
hooibaal
campo
veld
caballo
paard
remolque
aanhangwagen
potrillo
veulen
tractor
tractor
burro
ezel
oveja
schaap
cordero
lam

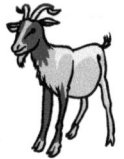

cabra
geit

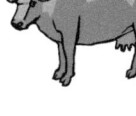

vaca
koe

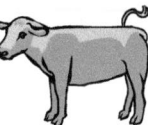

ternero
kalf

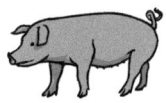

cerdo
varken

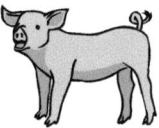

lechón
big

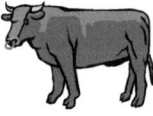

toro
stier

ganso

gans

pato

eend

pollo

kuiken

gallina

kip

gallo

haan

rata

rat

gato

kat

ratón

muis

buey

os

perro

hond

cucha

hondenhok

manguera

tuinslang

regadera

gieter

guadaña

zeis

arado

ploeg

hoz
sikkel

azada
schoffel

horquilla
hooivork

hacha
bijl

carretilla
kruiwagen

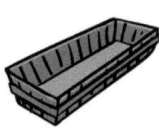

abrevadero
trog

lechera
melkbus

bolsa
zak

reja
hek

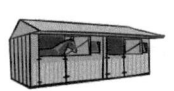

establo
stal

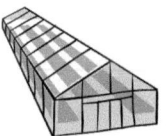

invernadero
broeikas

suelo
grond

semilla
zaad

fertilizador
mest

cosechadora
maaidorser

cosechar

oogsten

cosecha

oogst

batatas

yam

trigo

tarwe

soja

soja

papa

aardappel

maíz

maïs

semilla de colza

koolzaad

árbol frutal

fruitboom

mandioca

maniok

cereales

granen

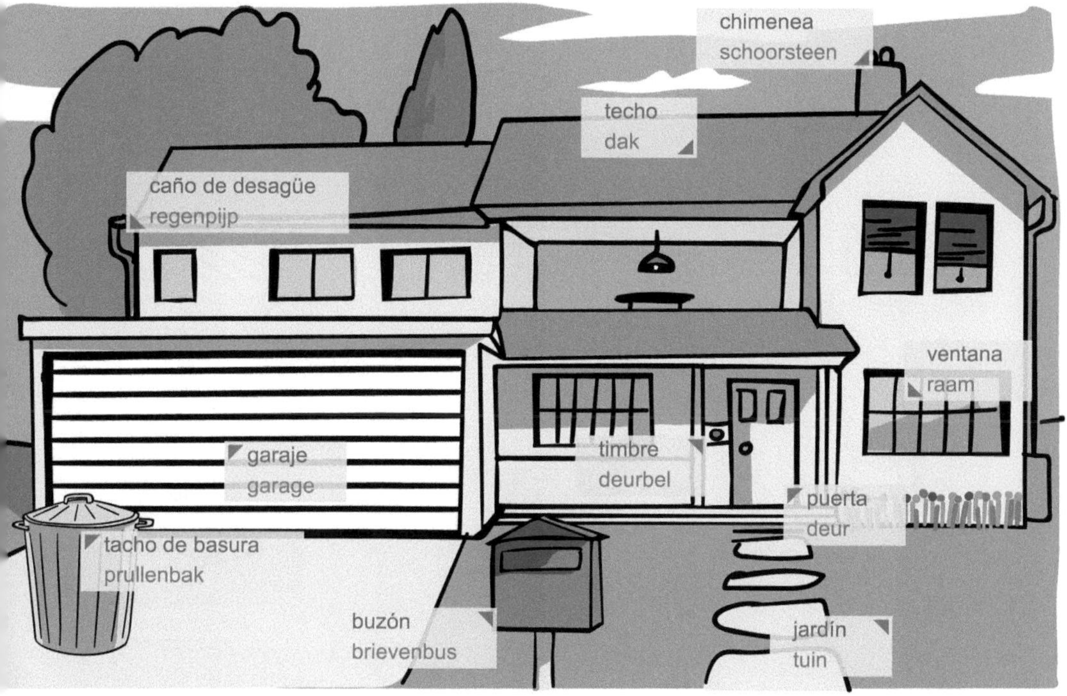

chimenea
schoorsteen

techo
dak

caño de desagüe
regenpijp

ventana
raam

garaje
garage

timbre
deurbel

puerta
deur

tacho de basura
prullenbak

buzón
brievenbus

jardín
tuin

living
woonkamer

baño
badkamer

cocina
keuken

dormitorio
slaapkamer

cuarto de los chicos
kinderkamer

comedor
eetkamer

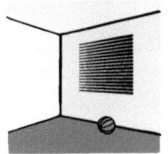

piso

vloer

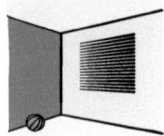

pared

muur

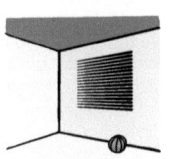

cielorraso

plafond

sótano

kelder

sauna

sauna

balcón

balkon

terraza

terras

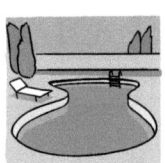

pileta

zwembad

cortadora de pasto

grasmaaier

sábana

laken

acolchado

bedsprei

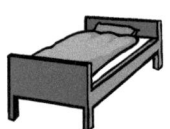

cama

bed

escoba

bezem

balde

emmer

interruptor

schakelaar

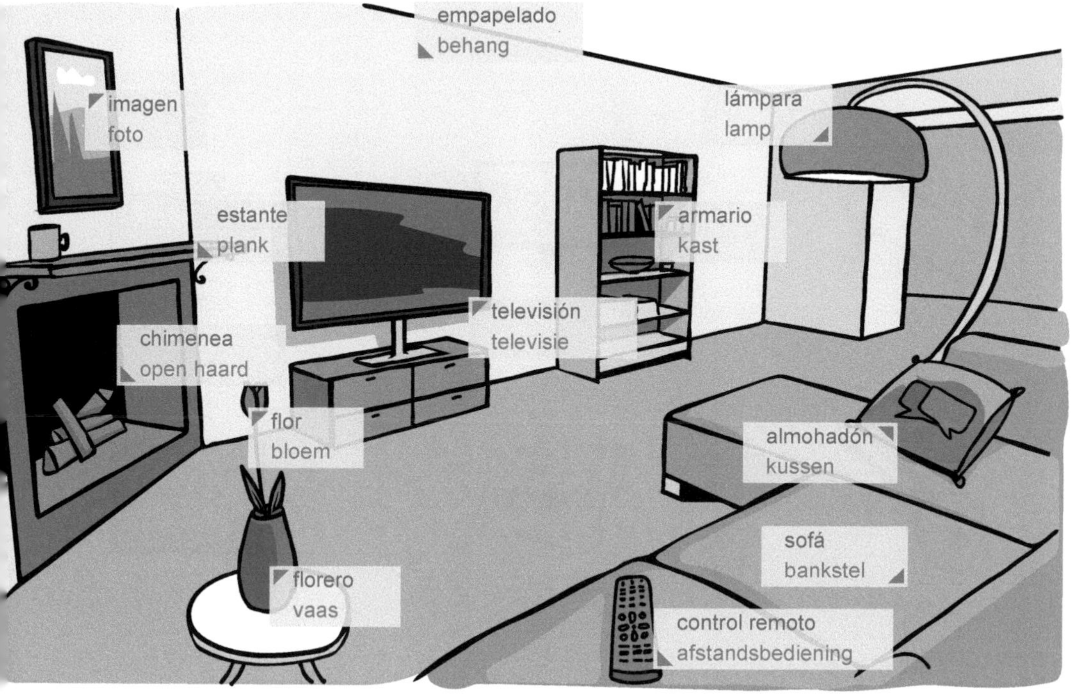

empapelado
behang

imagen
foto

lámpara
lamp

estante
plank

armario
kast

chimenea
open haard

televisión
televisie

flor
bloem

almohadón
kussen

sofá
bankstel

florero
vaas

control remoto
afstandsbediening

alfombra
tapijt

cortina
gordijn

mesa
tafel

silla
stoel

mecedora
schommelstoel

sillón
stoel

libro
boek

frazada
deken

decoración
decoratie

leña
brandhout

película
film

equipo de música
stereo-installatie

llave
sleutel

diario
krant

pintura
schilderij

póster
poster

radio
radio

cuaderno
kladblok

aspiradora
stofzuiger

cactus
cactus

vela
kaars

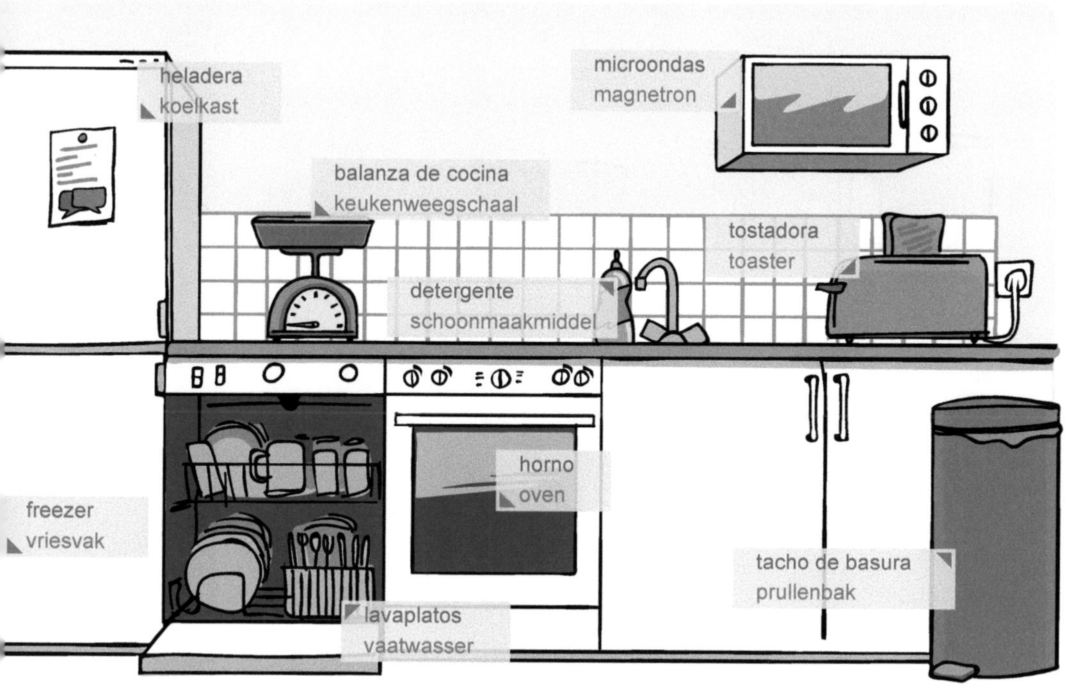

heladera
koelkast

microondas
magnetron

balanza de cocina
keukenweegschaal

tostadora
toaster

detergente
schoonmaakmiddel

freezer
vriesvak

horno
oven

tacho de basura
prullenbak

lavaplatos
vaatwasser

cocina
fornuis

olla
pan

olla de hierro fundido
gietijzeren pan

wok
wok / kadai

sartén
koekenpan

pava
ketel

vaporera

stoomkoker

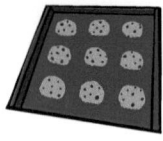

bandeja de horno

bakplaat

vajilla

servies

taza

beker

bol

kom

palitos

eetstokjes

cucharón

soeplepel

estpátula

spatel

batidora

garde

colador

vergiet

colador

zeef

rallador

rasp

mortero

vijzel

parrilla

barbecue

fogata

vuurhaard

tabla de picar

snijplank

palo de amasar

deegroller

sacacorchos

kurkentrekker

lata

blik

abrelatas

blikopener

manopla

pannenlap

pileta

wasbak

cepillo

borstel

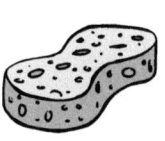

esponja

spons

batidora

blender

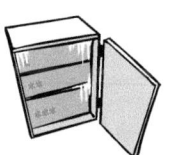

congelador

vriezer

mamadera

babyflesje

canilla

kraan

baño
badkamer

calefacción
verwarming
toalla
handdoek
ducha
douche
cortina de ducha
douchegordijn
baño de espuma
bubbelbad
bañadera
bad
vaso
glas
lavarropas
wasmachine
canilla
kraan
baldosas
tegels
pelela
potje
pileta
wasbak

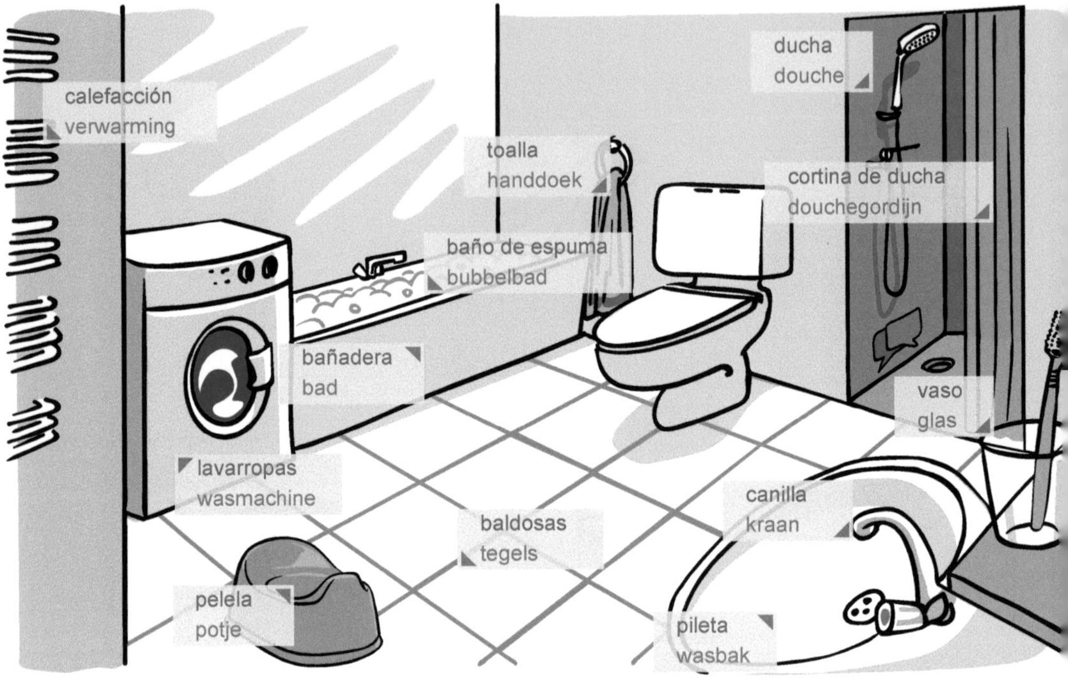

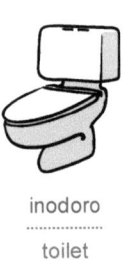

inodoro
toilet

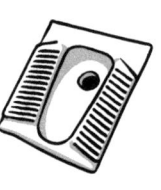

letrina
hurktoilet

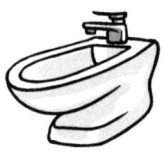

bidé
bidet

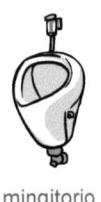

mingitorio
urinoir

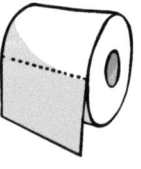

papel higiénico
toiletpapier

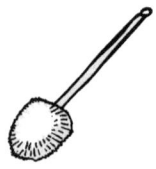

cepillo para el inodoro
toiletborstel

cepillo de dientes

tandenborstel

dentífrico

tandpasta

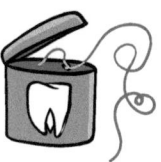

hilo dental

flosdraad

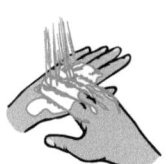

lavar

wassen

ducha de mano

handdouche

ducha higiénica

toiletdouche

palangana

waskom

cepillo para espalda

rugborstel

jabón

zeep

gel de ducha

douchegel

shampoo

shampoo

toallita

washanje

desagüe

afvoer

crema

creme

desodorante

deodorant

espejo

spiegel

espejito

make-upspiegel

maquinita de afeitar

scheermes

espuma de afeitar

scheerschuim

aftershave

aftershave

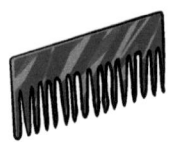

peine

kam

cepillo

borstel

secador de pelo

haardroger

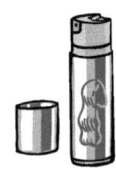

spray

haarspray

maquillaje

make-up

lápiz de labios

lippenstift

esmalte para uñas

nagellak

algodón

watten

tijera para uñas

nagelschaartje

perfume

parfum

portacosméticos

toilettas

banqueta

kruk

balanza

weegschaal

bata

badjas

guantes de goma

rubber handschoenen

tampón

tampon

toallita femenina

maandverband

baño químico

chemisch toilet

cuarto de los chicos
kinderkamer

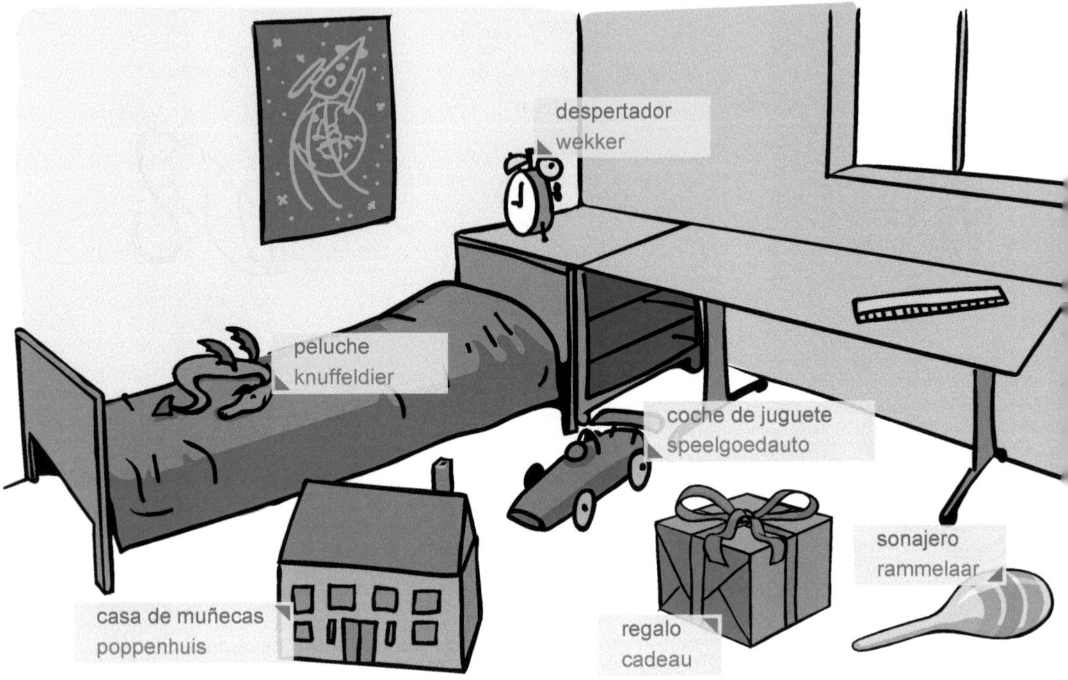
despertador
wekker
peluche
knuffeldier
coche de juguete
speelgoedauto
sonajero
rammelaar
casa de muñecas
poppenhuis
regalo
cadeau

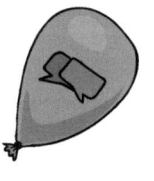

globo
ballon

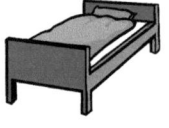

cama
bed

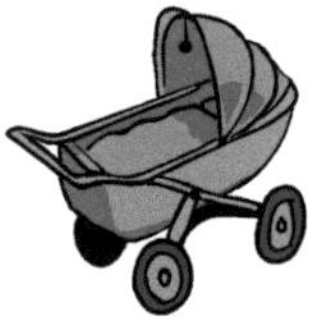

cochecito
kinderwagen

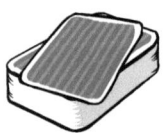

cartas
kaartspel

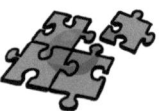

rompecabezas
puzzel

SUPER
MEGA

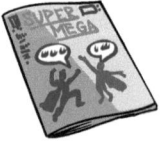

historieta
stripverhaal

piezas de lego
legostenen

ladrillos de juguete
speelgoedblokken

figura de acción
actiefiguurtje

enterito (de bebé)
romper

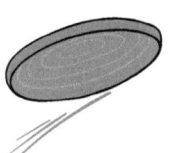

frisbee
frisbee

móvil para bebés
mobile

juego de mesa
bordspel

dados
dobbelsteen

tren eléctrico
modeltrein

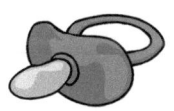

chupete
speen

fiesta
feestje

libro de cuentos ilustrado

prentenboek

pelota
bal

muñeca
pop

jugar
spelen

arenero
....
zandbak

hamaca
....
schommel

juguetes
....
speelgoed

consola de videojuegos
....
spelcomputer

triciclo
....
driewieler

osito de peluche
....
teddybeer

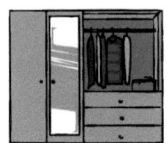

armario
....
kleerkast

ropa
kleding

medias
....
sokken

medias panty
....
kousen

calzas
....
panty

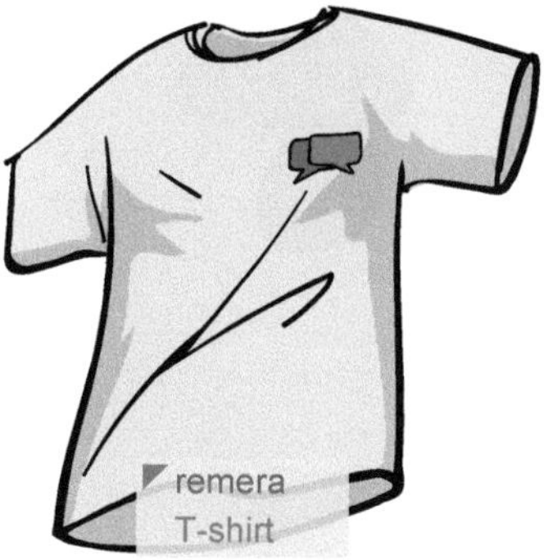

bufanda
sjaal

cinturón
riem

paraguas
paraplu

remera
T-shirt

zapatillas
sportschoenen

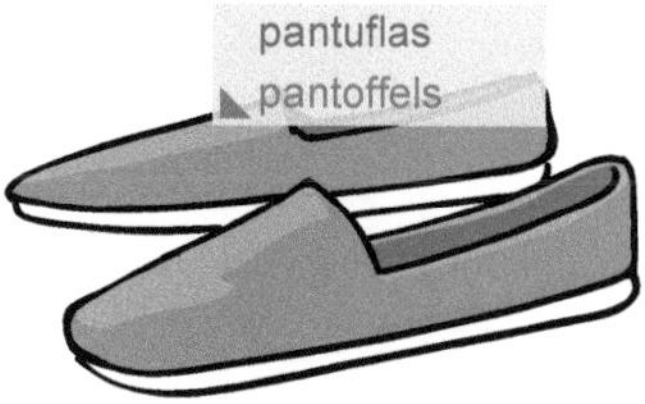

botas
laarzen

pantuflas
pantoffels

sandalias
....
sandalen

zapatos
....
schoenen

botas de goma
....
rubberlaarzen

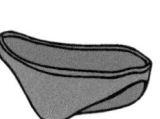

ropa interior
....
onderbroek

corpiño
....
beha

chaleco
....
onderhemd

body
body

pantalones
broek

jeans
spijkerbroek

pollera
rok

blusa
blouse

camisa
overhemd

pulóver
trui

buzo
hoody

blazer
blazer

campera
jas

tapado
mantel

piloto
regenjas

traje
kostuum

vestido
jurk

vestido de novia
trouwjurk

traje

pak

camisón

nachthemd

pijama

pyjama

sari

sari

pañuelo para cabeza

hoofddoek

turbante

tulband

burka

boerka

caftán

kaftan

abaya

abaja

traje de baño

zwempak

short de baño

zwembroek

shorts

korte broek

jogging

trainingspak

delantal

schort

guantes

handschoenen

botón

knoop

anteojos

bril

pulsera

armband

collar

ketting

anillo

ring

aro

oorbel

gorra

pet

percha

kledinghanger

sombrero

hoed

corbata

stropdas

cierre

rits

casco

helm

tiradores

bretels

uniforme escolar

schooluniform

uniforme

uniform

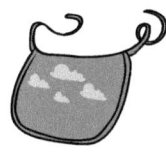

babero

slabbetje

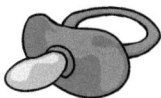

chupete

speen

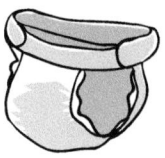

pañal

luier

oficina
kantoor

servidor
server
archivero
archiefkast
impresora
printer
papel
papier
monitor
beeldscherm
mouse
muis
escritorio
bureau
carpeta
map
teclado
toetsenbord
tacho (de basura)
prullenmand
computadora
computer
silla
stoel

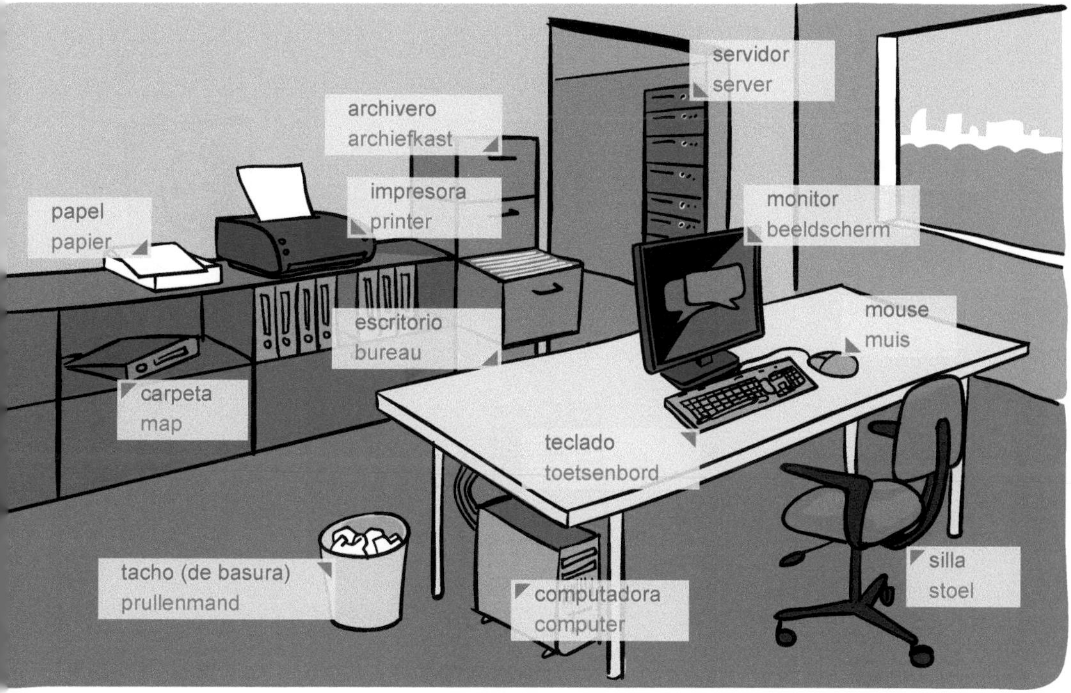

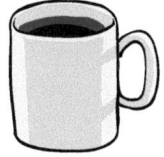

taza de café

koffiemok

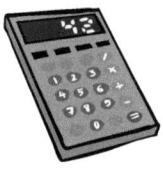

calculadora

rekenmachine

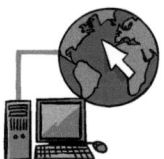

internet

internet

laptop

laptop

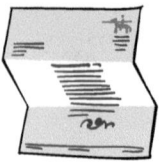

carta

brief

mensaje

bericht

celular

mobiele telefoon

red

netwerk

fotocopiadora

kopieermachine

software

software

teléfono

telefoon

tomacorriente

stopcontact

fax

fax

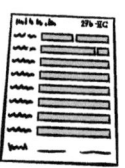

formulario

formulier

documento

document

comprar

kopen

pagar

betalen

hacer negocios

handel drijven

dinero

geld

dólar

dollar

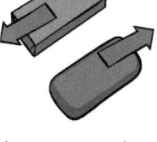

euro

euro

yen

yen

rublo

roebel

franco suizo

Zwitserse frank

yuan

renminbi yuan

rupia

roepie

cajero automático

geldautomaat

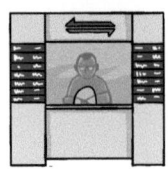

casa de cambio

wisselkantoor

oro

goud

plata

zilver

petróleo

olie

energía

energie

precio

prijs

contrato

contract

impuesto

belasting

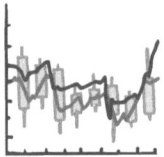

acción

aandeel

trabajar

werken

empleado

werknemer

empleador

werkgever

fábrica

fabriek

negocio

winkel

ocupaciones
beroepen

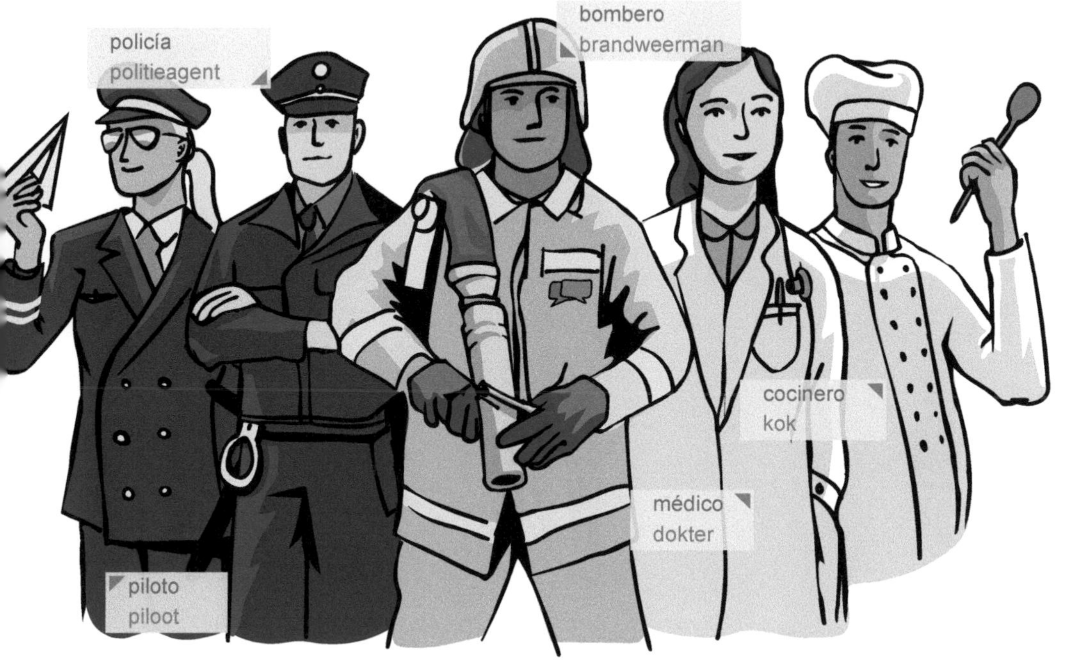

policía
politieagent
bombero
brandweerman
cocinero
kok
médico
dokter
piloto
piloot

jardinero

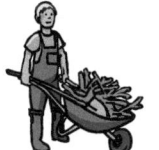

tuinman

carpintero

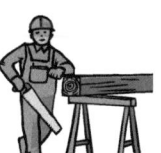

timmerman

modista

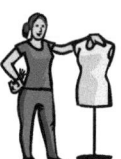

naaister

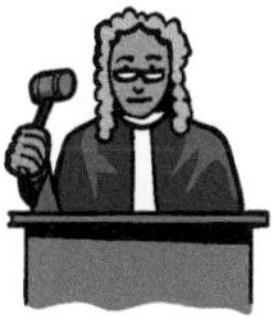

juez

rechter

farmacéutico

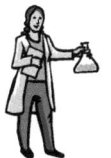

scheikundige

actor

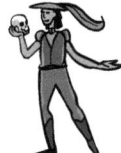

toneelspeler

colectivero

buschauffeur

taxista

taxichauffeur

pescador

visser

mucama

schoonmaakster

techista

dakdekker

mozo

ober

cazador

jager

pintor

schilder

panadero

bakker

electricista

elektricien

albañil

bouwvakker

ingeniero

ingenieur

carnicero

slager

plomero

loodgieter

cartero

postbode

soldado
soldaat

arquitecto
architect

cajero
kassier

florista
bloemist

peluquero
kapper

cobrador
conducteur

mecánico
monteur

capitán
kapitein

dentista
tandarts

científico
wetenschapper

rabino
rabbi

imán
imam

monje
monnik

sacerdote
pastoor

herramientas
gereedschap

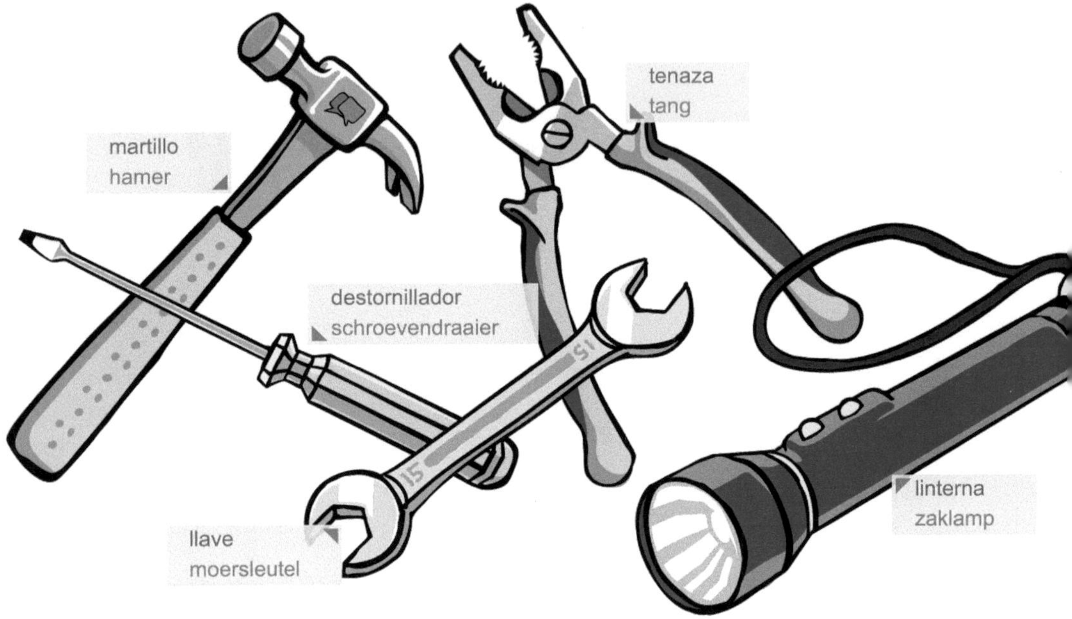
tenaza
tang
martillo
hamer
destornillador
schroevendraaier
linterna
zaklamp
llave
moersleutel

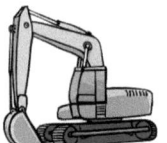

excavadora

graafmachine

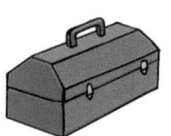

caja de herramientas

gereedschapskist

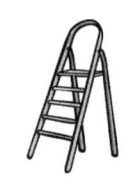

escalera portátil

ladder

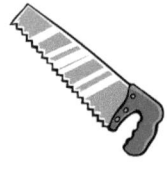

sierra

zaag

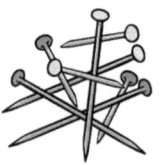

clavos

spijkers

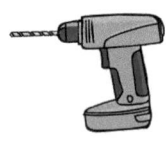

taladro

boor

arreglar
....
repareren

pala de jardín
....
schep

¡Qué bronca!
....
Verdorie!

pala de plástico
....
stofblik

tacho de pintura
....
verfpot

tornillos
....
schroeven

instrumentos musicales
muziekinstrumenten

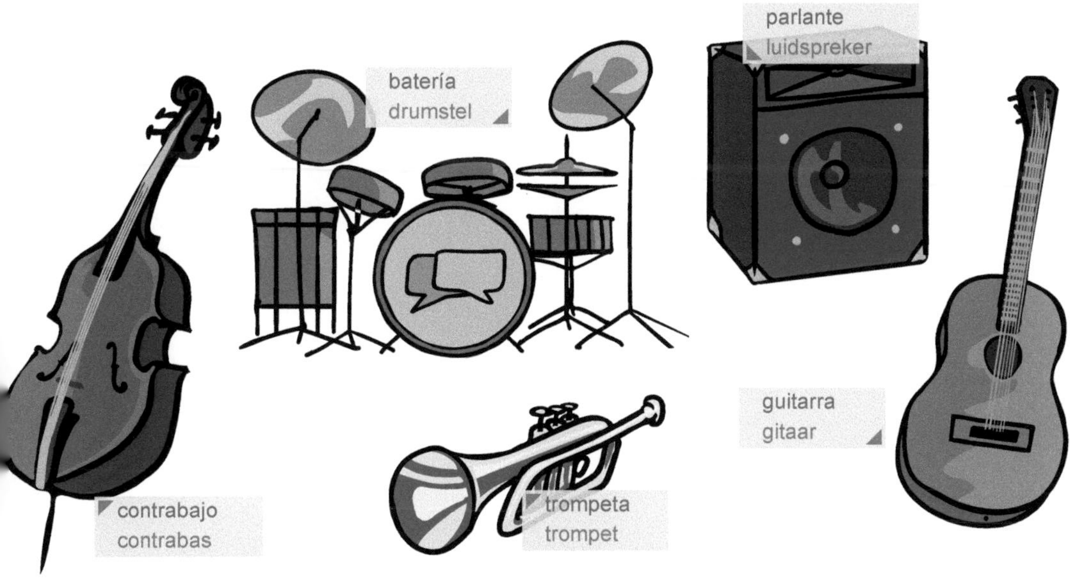

batería
drumstel

parlante
luidspreker

guitarra
gitaar

contrabajo
contrabas

trompeta
trompet

piano

piano

violín

viool

bajo

bas

timbales

pauk

tambor

trommel

teclado

keyboard

saxofón

saxofoon

flauta

fluit

micrófono

microfoon

zoológico
dierentuin

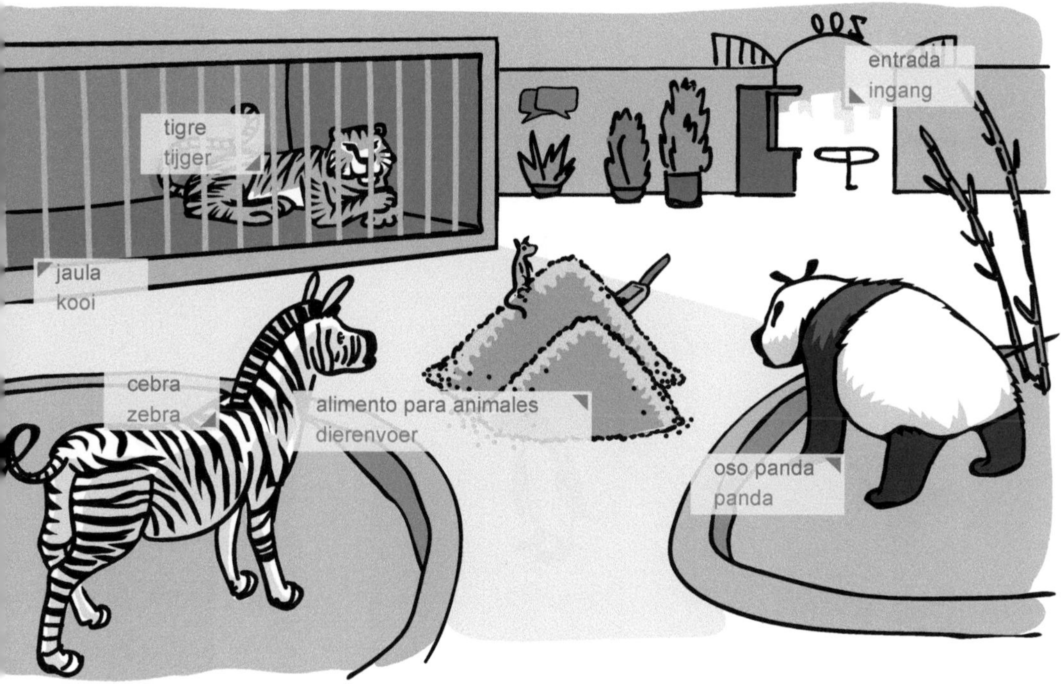
entrada
ingang
tigre
tijger
jaula
kooi
cebra
zebra
alimento para animales
dierenvoer
oso panda
panda

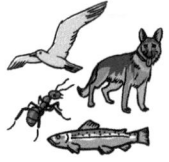

animales

dieren

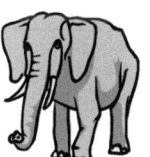

elefante

olifant

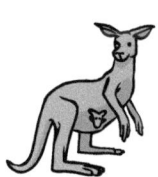

canguro

kangoeroe

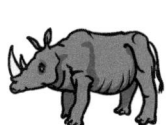

rinoceronte

neushoorn

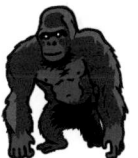

gorila

gorilla

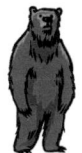

oso

beer

camello

kameel

avestruz

struisvogel

león

leeuw

mono

aap

flamenco

flamingo

loro

papegaai

oso polar

ijsbeer

pingüino

pinguïn

tiburón

haai

pavo real

pauw

serpiente

slang

cocodrilo

krokodil

cuidador del zoológico

dierenverzorger

foca

zeehond

jaguar

jaguar

poni

pony

leopardo

luipaard

hipopótamo

nijlpaard

jirafa

giraffe

águila

adelaar

jabalí

wild zwijn

pescado

vis

tortuga

schildpad

morsa

walrus

zorro

vos

gacela

gazelle

zoológico - dierentuin

fútbol americano
American football

ciclismo
wielrennen

tenis
tennis

básquet
basketbal

natación
zwemmen

boxeo
boksen

hockey sobre hielo
ijshockey

fútbol
voetbal

bádminton
badminton

atletismo
atletiek

handball
handbal

esquí
skiën

polo
polo

actividades

activiteiten

saltar
springen
abrazar
knuffelen
reír
lachen
caminar
lopen
cantar
zingen
soñar
dromen
rezar
bidden
besar
kussen

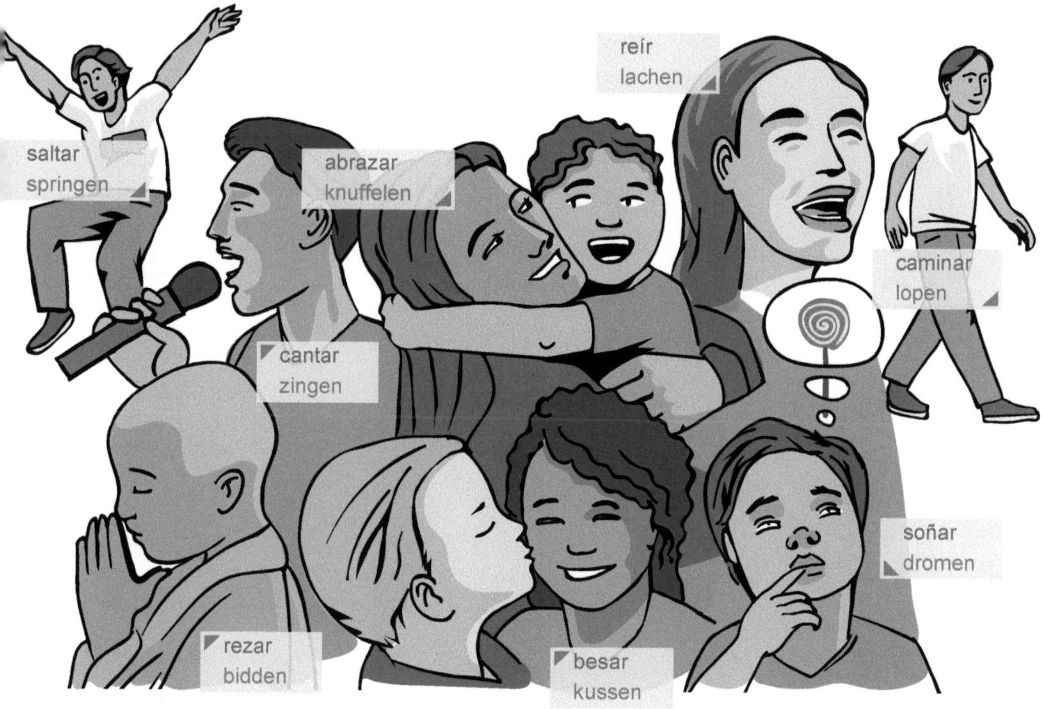

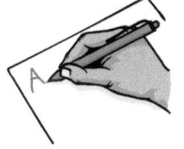

escribir

schrijven

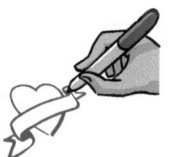

dibujar

tekenen

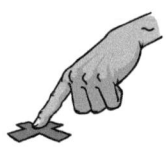

mostrar

tonen

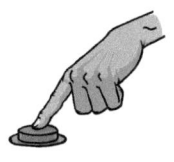

presionar

duwen

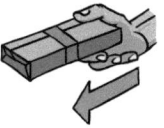

dar

geven

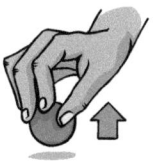

tomar

oppakken

tener

hebben

hacer

doen

ser

zijn

estar parado

staan

correr

rennen

tirar

trekken

tirar

gooien

caer

vallen

estar acostado

liggen

esperar

wachten

llevar

dragen

estar sentado

zitten

vestirse

aankleden

dormir

slapen

despertar

wakker worden

actividades - activiteiten

mirar

bekijken

llorar

huilen

acariciar

strelen

peinar

kammen

hablar

praten

entender

begrijpen

preguntar

vragen

escuchar

horen

beber

drinken

comer

eten

ordenar

opruimen

amar

houden van

cocinar

koken

manejar

rijden

volar

vliegen

navegar

zeilen

calcular

rekenen

leer

lezen

aprender

leren

trabajar

werken

casarse

trouwen

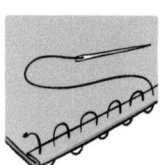

coser

naaien

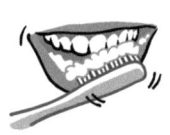

cepillarse los dientes

tandenpoetsen

matar

doden

fumar

roken

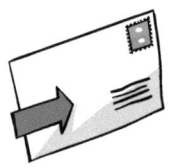

enviar

verzenden

abuela
grootmoeder

abuelo
grootvader

padre
vader

madre
moeder

bebé
baby

hija
dochter

hijo
zoon

invitado

gast

tía

tante

tío

oom

hermano

broer

hermana

zus

cuerpo
lichaam

frente
voorhoofd
ojo
oog
hombro
schouder
dedo
vinger
cara
gezicht
pera
kin
mano
hand
pierna
been
pecho
borst
brazo
arm

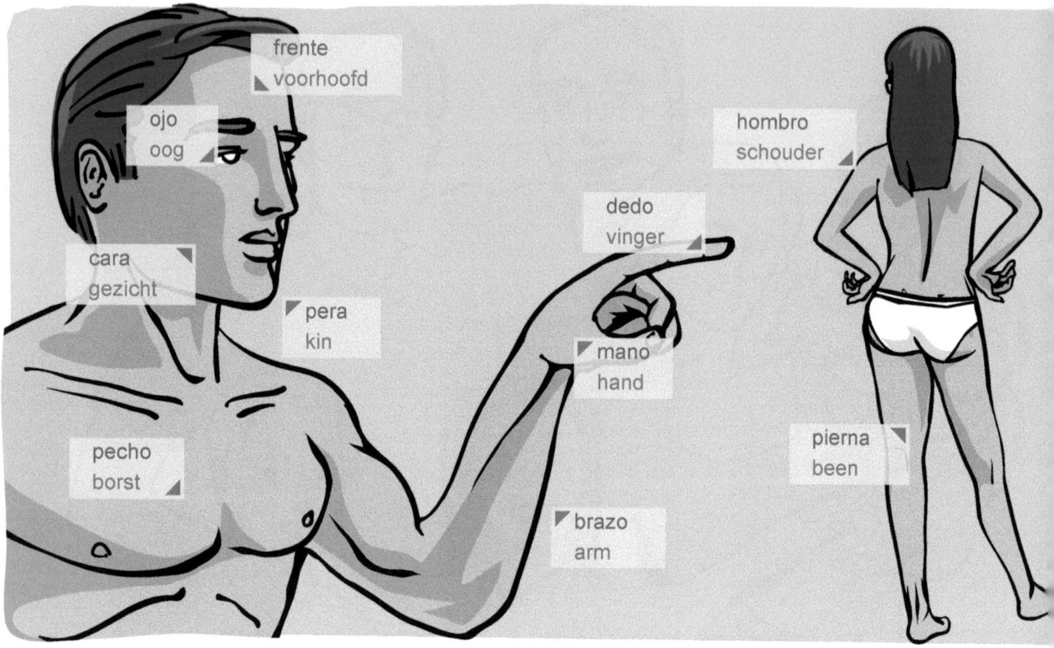

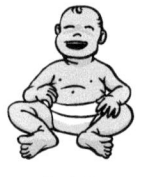

bebé

baby

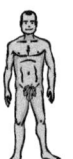

hombre

man

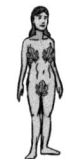

mujer

vrouw

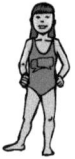

nena

meisje

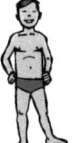

nene

jongen

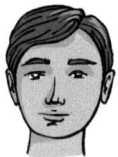

cabeza

hoofd

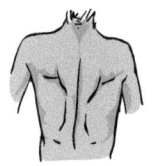

espalda
rug

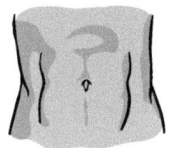

panza
buik

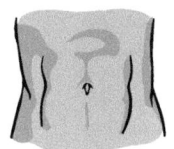

ombligo
navel

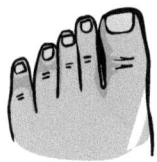

dedo del pie
teen

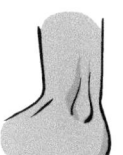

talón
hiel

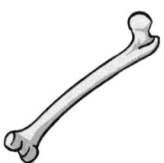

hueso
bot

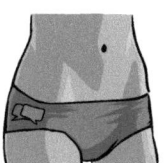

cadera
heup

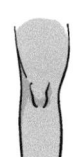

rodilla
knie

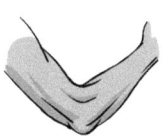

codo
elleboog

nariz
neus

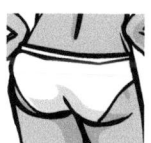

cola
achterwerk

piel
huid

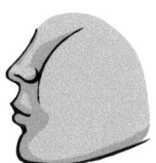

cachete
wang

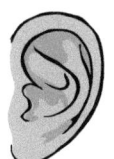

oreja
oor

labio
lippen

boca

mond

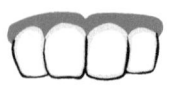

diente

tand

lengua

tong

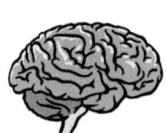

cerebro

hersenen

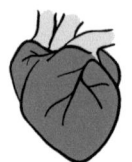

corazón

hart

músculo

spier

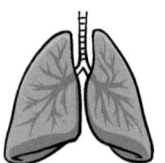

pulmón

long

hígado

lever

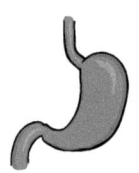

estómago

maag

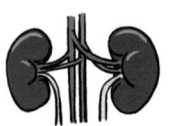

riñones

nieren

sexo

geslachtsgemeenschap

preservativo

condoom

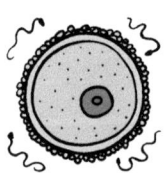

óvulo

eicel

semen

sperma

embarazo

zwangerschap

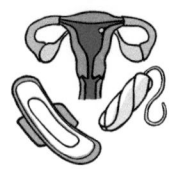

menstruación
menstruatie

vagina
vagina

pene
penis

ceja
wenkbrauw

pelo
haar

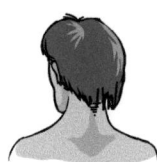

cuello
hals

hospital
ziekenhuis

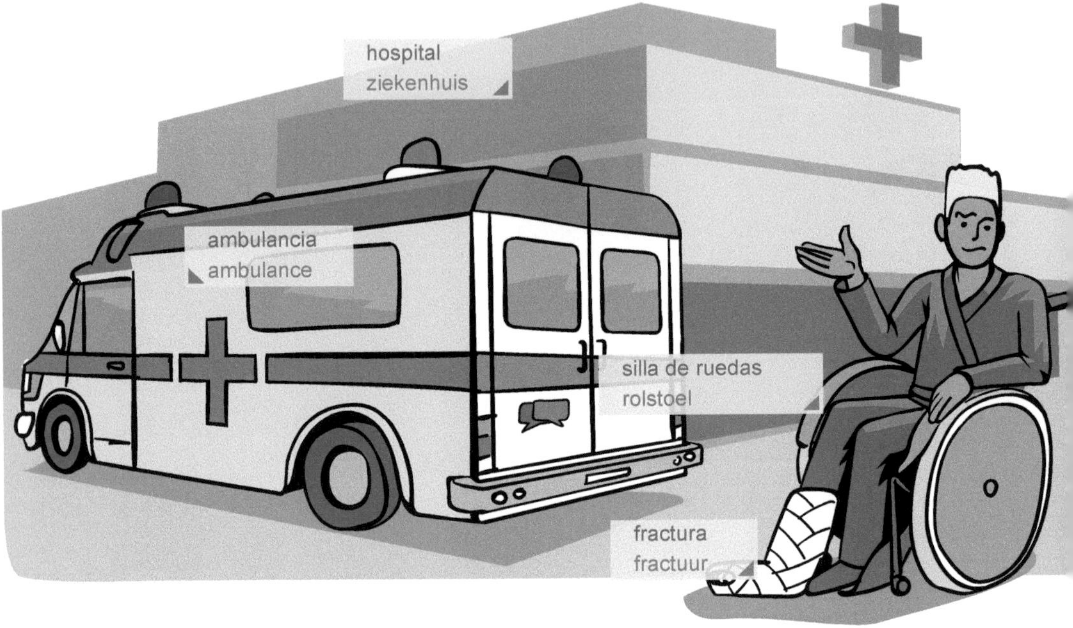

hospital
ziekenhuis
ambulancia
ambulance
silla de ruedas
rolstoel
fractura
fractuur

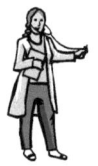

médico

dokter

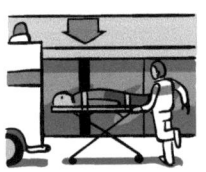

sala de guardia

EHBO

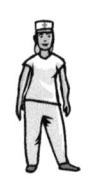

enfermera

verpleegster

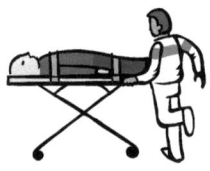

emergencia

noodgeval

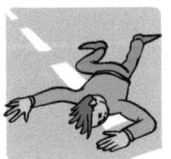

inconsciente

bewusteloos

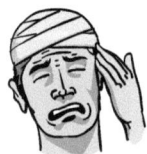

dolor

pijn

lesión

verwonding

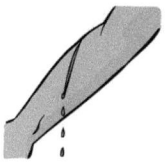

hemorragia

bloeding

infarto

hartaanval

ACV

beroerte

alergia

allergie

tos

hoest

fiebre

koorts

gripe

griep

diarrea

diarree

dolor de cabeza

hoofdpijn

cáncer

kanker

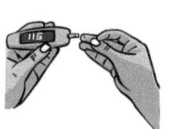

diabetes

diabetes

cirujano

chirurg

bisturí

scalpel

operación

operatie

TC
CT

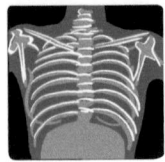

rayos x
röntgen

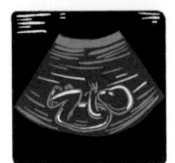

ecografía
echografie

barbijo
gezichtsmasker

enfermedad
ziekte

sala de espera
wachtkamer

muleta
kruk

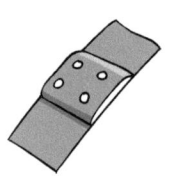

curita
pleister

venda
verband

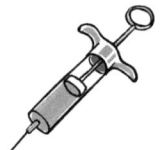

inyección
injectie

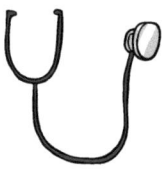

estetoscopio
stethoscoop

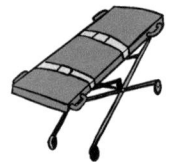

camilla
brancard

termómetro
thermometer

nacimiento
geboorte

sobrepeso
overgewicht

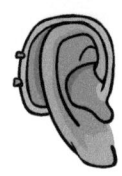

audífono

gehoorapparaat

desinfectante

ontsmettingsmiddel

infección

infectie

virus

virus

VIH / SIDA

HIV / AIDS

remedio

medicijn

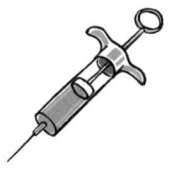

vacunación

inenting

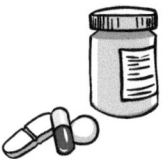

comprimidos

tabletten

pastilla anticonceptiva

pil

llamada de emergencia

alarmnummer

tensiómetro

bloeddrukmeter

enfermo / sano

ziek / gezond

¡Ayuda!

Help!

alarma

alarm

agresión

overval

ataque

aanval

peligro

gevaar

salida de emergencia

nooduitgang

¡Fuego!

Brand!

matafuego

brandblusser

accidente

ongeluk

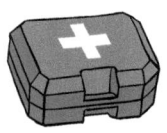

botiquín de primeros
auxilios

EHBO-koffer

SOS

SOS

policía

politie

Europa

Europa

América del Norte

Noord-Amerika

América del Sur

Zuid-Amerika

África

Afrika

Asia

Azië

Australia

Australië

Atlántico

Atlantische Oceaan

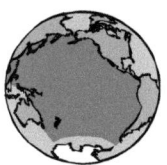

Pacífico

Stille Oceaan

Océano Índico

Indische Oceaan

Océano Antártico

Zuidelijke Oceaan

Océano Ártico

Noordelijke IJszee

polo norte

Noordpool

polo sur

Zuidpool

Antártida

Antarctica

Tierra

aarde

tierra

land

mar

zee

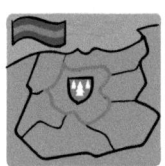

isla

eiland

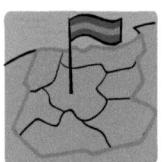

nación

natie

estado

staat

esfera

wijzerplaat

manecilla de las horas

uurwijzer

minutero

minutenwijzer

segundero

secondewijzer

¿Qué hora es?

Hoe laat is het?

día

dag

hora

tijd

ahora

nu

reloj digital

digitaal horloge

minuto

minuut

hora

uur

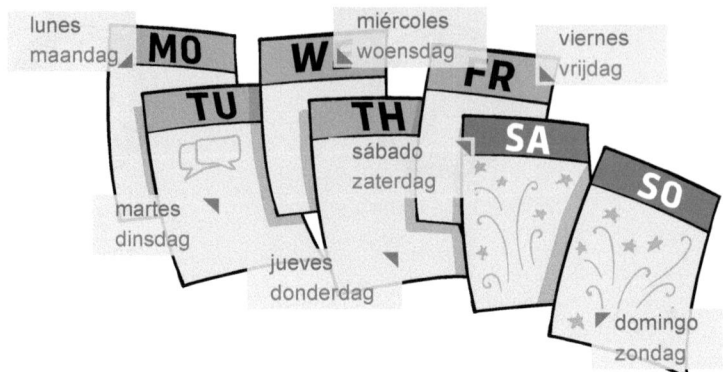

lunes
maandag

miércoles
woensdag

viernes
vrijdag

martes
dinsdag

jueves
donderdag

sábado
zaterdag

domingo
zondag

ayer

gisteren

hoy

vandaag

mañana

morgen

mañana

ochtend

mediodía

middag

tarde

avond

MO	TU	WE	TH	FR	SA	SU
1	2	3	4	5	6	7
8	9	10	11	12	13	14
15	16	17	18	19	20	21
22	23	24	25	26	27	28
29	30	31	1	2	3	4

días hábiles

werkdagen

MO	TU	WE	TH	FR	SA	SU
1	2	3	4	5	6	7
8	9	10	11	12	13	14
15	16	17	18	19	20	21
22	23	24	25	26	27	28
29	30	31	1	2	3	4

fin de semana

weekend

año

jaar

arco iris
regenboog
lluvia
regen
nieve
sneeuw
viento
wind
primavera
voorjaar
otoño
herfst
verano
zomer
invierno
winter

4.APRIL 11°
5.APRIL 4°
6.APRIL 13°
7.APRIL 8°
8.APRIL 10°

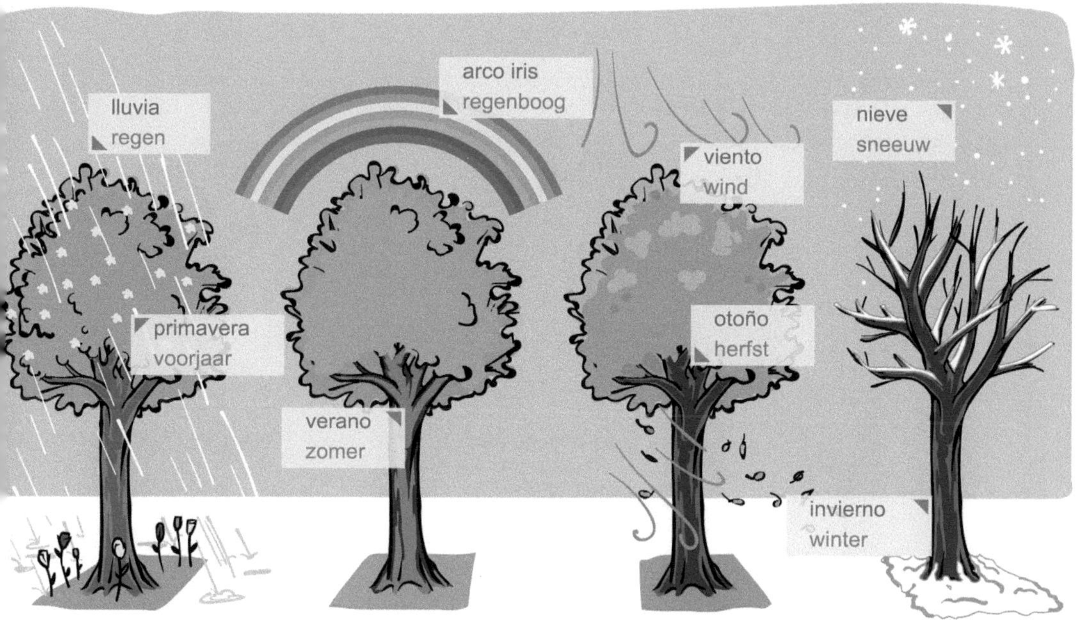

pronóstico meteorológico

weerbericht

F
C
120
90
60
30
0
-30
40
30
20
10
0
-10
-20

termómetro

thermometer

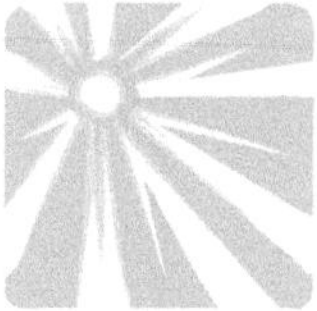

luz del sol

zonneschijn

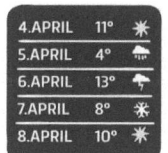

nube

wolk

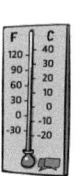

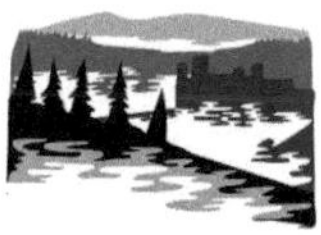

niebla

mist

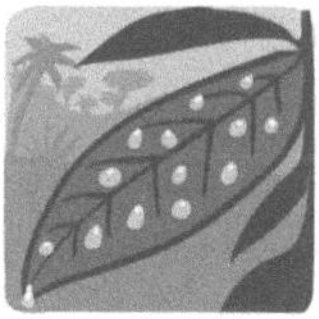

humedad

luchtvochtigheid

rayo

bliksem

trueno

donder

tormenta

storm

granizo

hagel

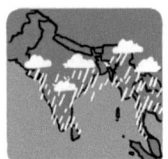

monzón

moesson

inundación

overstroming

hielo

ijs

enero

januari

febrero

februari

marzo

maart

abril

april

mayo

mei

junio

juni

julio

juli

agosto

augustus

año - jaar

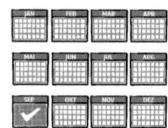

septiembre

september

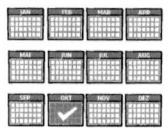

octubre

oktober

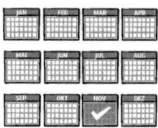

noviembre

november

diciembre

december

formas
vormen

círculo

cirkel

cuadrado

vierkant

rectángulo

rechthoek

triángulo

driehoek

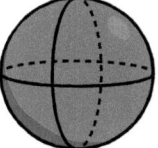

esfera

bol

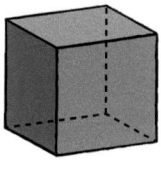

cubo

kubus

blanco

wit

amarillo

geel

naranja

oranje

rosa

roze

rojo

rood

violeta

paars

azul

blauw

verde

groen

marrón

bruin

gris

grijs

negro

zwart

mucho / poco

veel / weinig

enojado / tranquilo

boos / rustig

lindo / feo

mooi / lelijk

principio / fin

begin / einde

grande / chico

groot / klein

claro / oscuro

licht / donker

hermano / hermana

broer / zus

limpio / sucio

schoon / vies

completo / incompleto

volledig / onvolledig

día / noche

dag/ nacht

muerto / vivo

dood / levend

ancho / angosto

breed / smal

comestible / no comestible

eetbaar / oneetbaar

malo / amable

gemeen / aardig

entusiasmado / aburrido

opgewonden / verveeld

gordo / flaco

dik / dun

primero / último

eerste / laatste

amigo / enemigo

vriend / vijand

lleno / vacío

vol / leeg

duro / blando

hard / zacht

pesado / liviano

zwaar / licht

hambre / sed

honger / dorst

enfermo / sano

ziek / gezond

ilegal / legal

illegaal / legaal

inteligente / estúpido

intelligent / dom

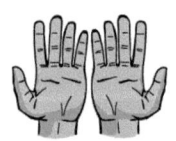

izquierda / derecha

links / rechts

cerca / lejos

dichtbij / ver

nuevo / usado

nieuw / gebruikt

nada / algo

niets / iets

viejo / joven

oud / jong

encendido / apagado

aan / uit

abierto / cerrado

open / gesloten

silencioso / ruidoso

zacht / luid

rico / pobre

rijk / arm

correcto / incorrecto

goed / fout

áspero / suave

ruw / glad

triste / contento

verdrietig / gelukkig

corto / largo

kort / lang

lento / rápido

langzaam / snel

mojado / seco

nat / droog

caliente / frío

warm / koel

guerra / paz

oorlog / vrede

0

cero

nul

1

uno

één

2

dos

twee

3

tres

drie

4

cuatro

vier

5

cinco

vijf

6

seis

zes

7

siete

zeven

8

ocho

acht

9

nueve

negen

10

diez

tien

11

once

elf

12
doce

twaalf

13
trece

dertien

14
catorce

veertien

15
quince

vijftien

16
dieciséis

zestien

17
diecisiete

zeventien

18
dieciocho

achttien

19
diecinueve

negentien

20
veinte

twintig

100
cien

honderd

1.000
mil

duizend

1.000.000
millón

miljoen

inglés

Engels

inglés americano

Amerikaans Engels

chino mandarín

Chinees Mandarijn

hindi

Hindi

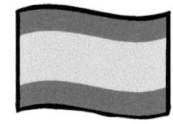

español

Spaans

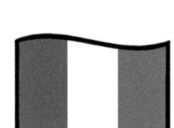

francés

Frans

árabe

Arabisch

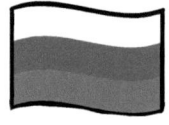

ruso

Russisch

portugués

Portugees

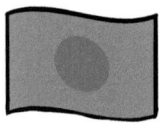

bengalí

Bengalees

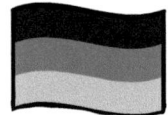

alemán

Duits

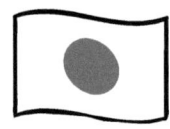

japonés

Japans

yo

ik

vos

jij

él / ella

hij / zij / het

nosotros

wij

ustedes

jullie

ellos

zij

¿quién?

wie?

¿qué?

wat?

¿cómo?

hoe?

¿dónde?

waar?

¿cuándo?

wanneer?

nombre

naam

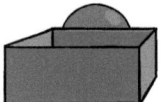

detrás

achter

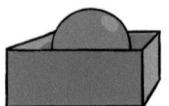

en

in

adelante de

voor

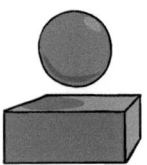

por encima de

boven

sobre

op

debajo de

onder

al lado de

naast

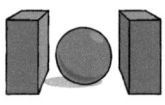

entre

tussen

lugar

plaats